www.ingramcontent.com/pod-product-compliance
Lightning Source LLC
La Vergne TN
LVHW041342080426
835512LV00006B/586
* 9 7 8 2 0 1 9 1 1 9 9 2 8 *